Karin Krafft, Elli Maihöfner, Anja Rahm

Kreative Spielmöglichkeiten rund ums Memory®

Sprache und Konzentration kindgerecht trainieren

Gedruckt auf umweltbewusst gefertigtem, chlorfrei gebleichtem und alterungsbeständigem Papier.

2. Auflage 2019

Covergestaltung: mauritius images GmbH, Mittenwald
Illustrationen: Denise Müller
Satz: Fotosatz H. Buck, Kumhausen
Druck und Bindung: Esser printSolutions GmbH
ISBN 978-3-403-**04906**-7
www.auer-verlag.de

Inhaltsverzeichnis

Vorwort

In fast jedem Haushalt, Kindergarten oder Klassenzimmer findet man ein Memory®-Spiel. Leider spielen die Kinder oft nur wenig damit. Mit diesem Buch möchten wir Ihnen viele Spielanregungen geben, die nicht nur Spaß machen, sondern auch die Konzentration, Wahrnehmung, Sprache und das soziale Miteinander fördern. Durch dieses spielerische Training der Konzentration können selbst ADHS, Legasthenie und Wahrnehmungsstörungen positiv beeinflusst werden.

In diesem Buch stellen wir zuerst Spiele für die Großgruppe (Kindergartengruppe oder Klasse) vor. Anschließend folgen Konzentrationsspiele, Sprachspiele und Deutsch-als-Zweitsprachenspiele für die Kleingruppe. Die Spiele sind nach ihrem Schwierigkeitsgrad von leicht nach schwer angeordnet.

Die Memory®-Spiele sollten regelmäßig in der Freispielphase oder Gruppenarbeit des Kindergartens bzw. in der Vorviertelstunde oder im Unterricht der Schule eingesetzt werden. Als Spielanreiz dient das Ermitteln eines Wochensiegers. Die Spiele eignen sich auch als eigenes Projektthema, das seinen Höhepunkt in einer Memory®-Olympiade finden kann. Dabei sollte man nicht vergessen, dass regelmäßiges Training und Wiederholung letztendlich zum Erfolg führen.

Aber das Schönste daran ist, dass Spielen einfach Spaß macht!

Ihre Karin Krafft, Elli Maihöfner und Anja Rahm

Die Giraffe „Spielmitmir“

Die Giraffe „Spielmitmir“ begleitet die Kinder durch dieses Buch. Ein Reim fordert die Kinder zum Spielen auf.

Reime zur Einführung der Giraffe „Spielmitmir“

„Spielmitmir“ so heiße ich,
die Giraffe, ich grüße dich.
Pass gut auf, jetzt geht es los,
wir spielen zusammen, das wird famos!

Ich bin die Giraffe „Spielmitmir“
und sage euch hallo!
Ich freue mich bei euch zu sein,
deshalb bin ich so froh!

Die Giraffe „Spielmitmir“ hat viele bunte Karten,
sie wartet auf uns Kinder hier,
wir können's kaum erwarten.

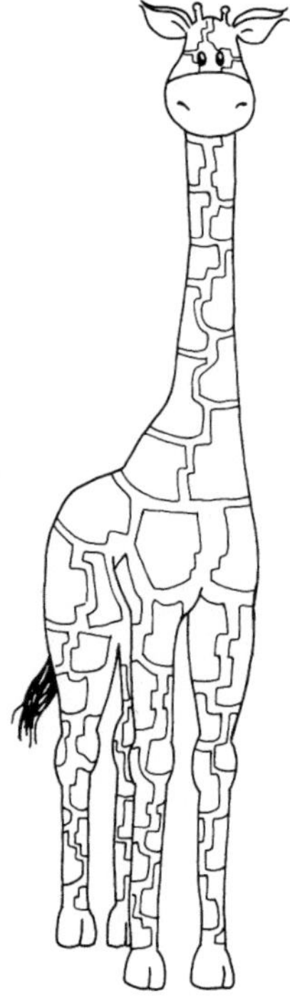

Kurze Reime als Tagesbeginn und zum Auswendiglernen

Wir können bunte Karten sehen,
und zum Spielen übergehen!

Das Spiel fängt an, der Spaß beginnt
für die Giraffe und jedes Kind.

Wir spielen mit den Karten,
die Giraffe kann's kaum erwarten.

Wir spielen mit den Karten
und können's kaum erwarten.

Vierzeiler als Tagesbeginn und für Zwischendurch

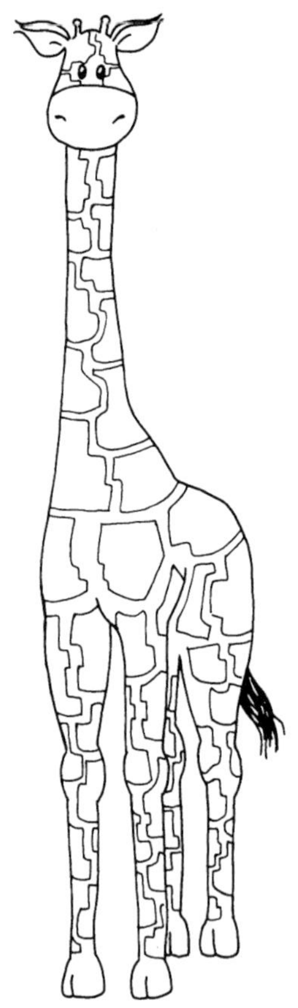

Die Giraffe spielt mit uns,
wir freuen uns schon sehr,
ihre Karten machen Spaß,
wir lernen noch viel mehr.

Mit bunten Karten spielen wir,
das macht uns allen Freude.
Die Giraffe zeigt uns wie es geht,
so lernen wir kleinen Leute.

Vor uns liegen bunte Karten,
wir können es kaum noch erwarten.
Das Spiel beginnt, der Spaß fängt an,
weil jeder sehr viel lernen kann.

Mit bunten Karten spielen wir,
die Giraffe zeigt es mir und dir,
So macht es allen viel mehr Spaß,
setz dich zu uns und lerne was!

Materialtipps

Alle vorgestellten Spiele sind mit jedem gängigen Memory®- oder Bildkartenpaar-Spiel spielbar. Allerdings ist das zugehörige Memory (s. letzte Seite im Buch) genau auf die Spiele dieses Buches zugeschnitten und deckt gezielt bestimmte inhaltliche Bereiche ab.
Jedes Spiel wird durch eine Zeichnung illustriert. Zeigen Sie den Kindern die Zeichnung, wenn Sie das Spiel zum ersten Mal erklären. Danach erkennen die Kinder das Spiel an der Zeichnung und können es dann selbstständig spielen.
Bei jedem Spiel ist die Spieleranzahl und das Lernziel angegeben.
Bei einigen Spielen erhalten die Kinder Gewinnsteine. Hier können Sie entscheiden, ob Sie den Kindern Plättchen, Kieselsteine, Muscheln o. Ä. geben, oder einfach Punkte auf einem Block notieren.

Spiele für alle

Ich wünsche dir …

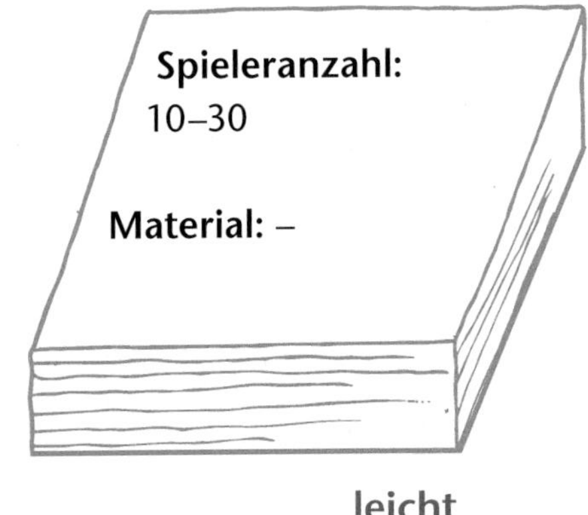

leicht

Spielziel: Den Mitspielern etwas Nettes wünschen.

Spielvorbereitung: Legen Sie so viele Bildkarten, wie Mitspieler teilnehmen, bereit. Wählen Sie dabei immer für zwei Kinder ein Kartenpaar aus. Ist die Anzahl der Kinder ungerade, spielt der Spielleiter mit.

Spielverlauf:

Die Bildkarten liegen mit dem Bild nach unten auf dem Boden. Jeder Mitspieler zieht eine Karte und behält sie in der Hand. Nun muss er versuchen, das Kind zu finden, das die gleiche Karte hat.
Die Kinder gehen durch den Raum. Dabei begrüßen sich zwei Kinder, die sich treffen, zuerst höflich, z. B. mit „Guten Tag". Danach zeigen sie sich ihre Karten. Stimmen diese überein, schütteln sie sich die Hände und jeder wünscht dem anderen etwas Nettes für den heutigen Tag. Ergeben sie kein übereinstimmendes Paar, suchen die Kinder weiter.

Spielende: Alle Paare haben sich gefunden.

Differenzierung: –

Varianten:

- Die Kinder begrüßen sich in verschiedenen Sprachen, z. B. „Good morning", „Kalimera" usw.
- Die Kinder begrüßen sich in verschiedenen Sprachen und machen eine passende Bewegung dazu, z. B. „Good morning" mit der Geste des Hutziehens, „Kalimera" mit Sirtakibewegung usw.

2 Beweg-dich-Memory

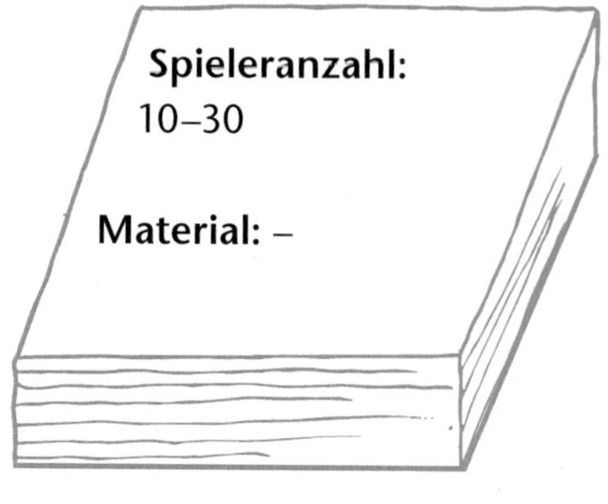

Spieleranzahl: 10–30

Material: –

leicht

Spielziel: Finden von lebenden Bildpaaren.

Spielvorbereitung: –

Spielverlauf:

Zwei Teams treten gegeneinander an. Jedes Team besteht aus ein oder zwei Kindern. Die restlichen Kinder stellen die „lebenden Bildkarten" dar. Immer zwei der restlichen Kinder denken sich eine Bewegung o. Ä. aus, die ein Bildpaar darstellt und studieren diese ein. Währenddessen verlassen die beiden Teams das Zimmer. Anschließend trennen sich die Paare und stellen sich im Raum verteilt auf. Die beiden Teams kommen zurück in den Raum.
Das erste Team tippt zwei Kinder an, die dann ihre Bewegung vormachen. Stimmen die beiden Bewegungen überein, setzt sich das Bildpaar zu diesem Team. Stimmen die Bewegungen nicht überein, stehen die „Karten" wieder still. So wechseln sich die beiden Teams ab.

Spielende: Gewinner ist das Team, das am Schluss die meisten lebenden Bildkarten gesammelt hat. Bei Gleichstand gewinnen beide Teams.

Varianten:

- Die Paare machen statt Bewegungen Tierlaute oder andere Geräusche.
- Findet ein Team ein Paar, darf es noch einmal zwei Kinder antippen.

3 Merk-Memory

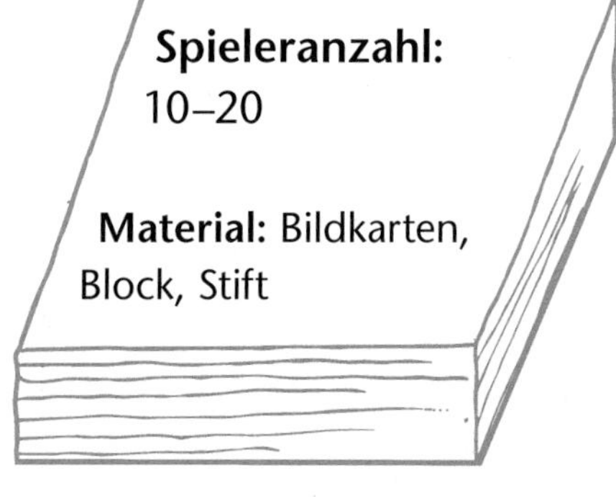

Spieleranzahl: 10–20

Material: Bildkarten, Block, Stift

leicht

Spielziel: Merken von Karten.

Spielvorbereitung: –

Spielverlauf:

Der Spielleiter wählt beliebige, verschiedene Bildkarten aus. Diese sollen sich die Kinder merken.
Die Kinder sitzen dazu im doppelten Halbkreis, der Spielleiter steht vor ihnen. Er zeigt ihnen jeweils eine Karte. Die Kinder prägen sich diese ein.
Nun zeigt der Spielleiter den Kindern verschiedene Bildkarten. Die Kinder heben ihren Daumen, wenn die Karte vorher gezeigt wurde, sie senken den Daumen, wenn die Karte nicht dabei war.

Spielende: Wenn die Kinder sich nicht mehr konzentrieren können.

Differenzierung:

- Nach dem Einprägen der Karten zeichnen die Kinder die Gegenstände in der richtigen Reihenfolge als Kontrollmöglichkeit auf ihren Block.
- Die Anzahl der Karten nimmt zu.
- Sie können mit den Kindern Lernstrategien erproben, z. B. sich für jeden Gegenstand den Anfangsbuchstaben merken usw.

Variante:

- Legen Sie verschiedene Karten vor den Kindern auf den Boden. Nun schließen die Kinder die Augen und Sie entfernen eine Karte. Wer weiß zuerst, welche fehlt? Bei weiteren Durchläufen kann auch jeweils ein Kind eine Karte wegnehmen.

4 Wer ist mein Partner?

Spieleranzahl:
10–30

Material: Bildkarten

leicht

Spielziel: Finden eines Partners mit der gleichen Bildkarte durch Sprechen eines Satzes.

Spielvorbereitung: Wählen Sie für jedes Kind eine Bildkarte aus, wobei immer zwei Kinder ein Bildpaar bekommen.

Spielverlauf:

Der Spielleiter verteilt die ausgewählten Bildkarten an die Kinder. Dabei erhalten immer zwei Kinder die gleiche Karte, die sie verdeckt in der Hand halten. Nun stellen sich die Kinder im Kreis auf. Nacheinander sagt jedes Kind einen Satz zu seiner Bildkarte, ohne das Bild zu erwähnen, z. B. zu dem Bild „Hund“ sagt es den Satz „Es ist ein Tier und bellt.“ Haben alle Kinder ihren Satz gesagt, gehen die Kinder zusammen, die meinen die gleiche Karte zu haben.

Spielende: Alle Kinder haben ihren Partner gefunden.

Differenzierung:

- Die Kinder stehen nicht im Kreis und sagen ihren Satz, sondern gehen durch den Raum und sagen dem Kind, das sie treffen ihren Satz. Findet sich ein Paar, setzt es sich auf den Boden.

Variante:

- Die Kinder stellen ihr Bild pantomimisch dar und suchen so ihren Partner.

Konzentrationsspiele – Einführung

Ein gutes Gedächtnis ist eine wichtige Voraussetzung für erfolgreiches Lernen im Leben und in der Schule. Die Konzentrationsfähigkeit spielt dabei eine entscheidende Rolle.
Aber wie schon Jean Paul sagte: „Konzentration lässt sich weder einpredigen noch einprügeln. Sie lässt sich nur systematisch fördern."
Konzentration wird durch regelmäßige, spielerische und zielgerichtete Übung gefördert. Dafür sind Übungen nötig, die das Kind motivieren, sich längere Zeit mit einer Sache zu beschäftigen. Es darf sich nicht ablenken lassen, muss genau hinsehen bzw. hinhören und lernen, sich zu sammeln. Wille und Ausdauer sind tragende Säulen der Konzentration.
Das Schöne ist, dass die folgenden Spiele den Kindern helfen, ihre Konzentrationsfähigkeit zu steigern und das, ohne dass sie es merken.

5 Paare ziehen

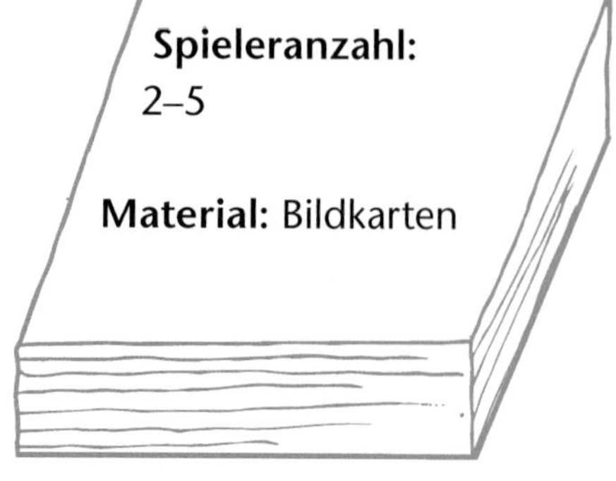

Spieleranzahl: 2–5

Material: Bildkarten

leicht

Spielziel: Finden von Bildpaaren.

Spielvorbereitung: –

Spielverlauf:

„Paare ziehen" ist das klassische Memory-Spiel. Alle Karten liegen mit dem Bild nach unten auf dem Tisch. Reihum darf jeder Spieler zwei Karten aufdecken. Deckt er dabei ein Bildpaar auf, darf er es behalten und noch einmal zwei Karten aufdecken. Erst wenn er kein Pärchen mehr aufdeckt, ist der nächste Spieler an der Reihe. Dabei werden die aufgedeckten Karten immer wieder umgedreht, wenn der Spieler kein Pärchen aufgedeckt hat.

Spielende: Gewinner ist derjenige, der die meisten Bildpaare hat.

Differenzierung:

- Die Anzahl der Bildpaare nach Bedarf steigern.
- Noch einfacher ist das Spiel, wenn der Spieler immer nur eine Karte wieder umdrehen muss, wenn er kein Pärchen aufgedeckt hat. So liegen nach und nach immer mehr Karten offen auf dem Tisch.

6 Such die Karte!

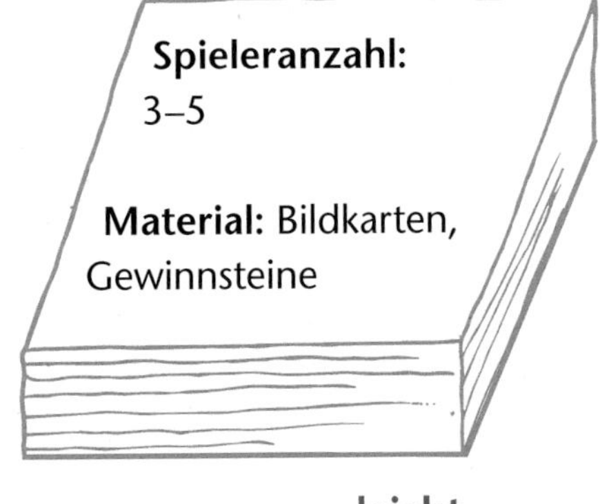

Spieleranzahl: 3–5

Material: Bildkarten, Gewinnsteine

leicht

Spielziel: Genaues Hinsehen und Vertiefen der Farbkenntnisse.

Spielvorbereitung: –

Spielverlauf:

Alle Karten liegen aufgedeckt auf dem Tisch. Ein Mitspieler sucht sich mit den Augen eine Karte aus und nennt seinen Mitspielern die Farben, die darauf zu sehen sind.
Z. B.: „Meine Karte ist blau, rot und gelb."
Derjenige, der zuerst errät, welche Karte gemeint ist, erhält einen Gewinnstein.
Dann beschreibt das nächste Kind im Uhrzeigersinn eine Karte. Dadurch kommen auch schwächere Kinder an die Reihe.

Spielende: Gewinner ist derjenige, der die meisten Gewinnsteine hat.

Varianten:

- Der Spieler umschreibt den abgebildeten Begriff.
- Der Spieler nennt den Anfangsbuchstaben des abgebildeten Begriffs und die Farbe.
- Der Spieler malt den abgebildeten Begriff auf ein Blatt, die Mitspieler raten dabei.

Karten verstecken

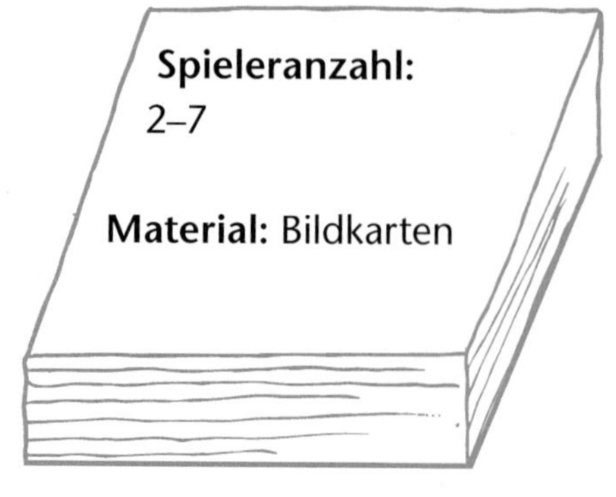

leicht

Spielziel: Finden von versteckten Karten.

Spielvorbereitung: Bildpaare in Anzahl der Mitspieler heraussuchen.

Spielverlauf:

Ein Kind nimmt die Bildpaare, alle anderen schließen die Augen oder warten vor dem Raum.
Das ausgewählte Kind versteckt für jeden Mitspieler eine Karte aus einem Paar im Raum.
Nun überreicht es seinen Mitspielern die zweiten Karten. Diese suchen im Raum ihr Bildpaar.
Findet ein Kind seine Karte nicht, darf es sich helfen lassen.
Wer zuerst sein Paar zusammen hat, darf als nächster die Karten verstecken.

Spielende: Alle Karten sind gefunden.

Varianten:

- Es wird nur eine Karte im Raum versteckt. Der Verstecker zeigt den Mitspielern die zweite Karte vor dem Suchen.
- Wer die Karte findet, darf nicht laut rufen, sondern flüstert dem Verstecker das Versteck ins Ohr und setzt sich leise.

8 Farbenspiel

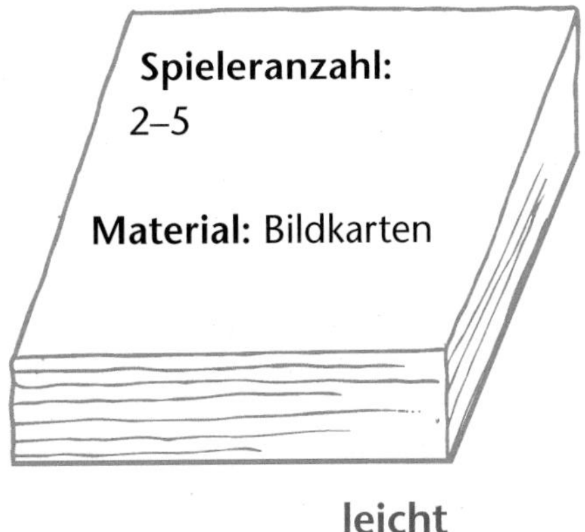

Spieleranzahl: 2–5

Material: Bildkarten

leicht

Spielziel: Finden von Karten in bestimmten Farben.

Spielvorbereitung: –

Spielverlauf:

Alle Karten liegen mit dem Bild nach unten auf dem Tisch.
Jeder Spieler nennt zuerst eine Farbe. Danach darf er eine Karte aufdecken. Enthält die aufgedeckte Karte die genannte Farbe, darf er sie behalten. Enthält die Karte nicht die Farbe, dreht er sie wieder um. Dann ist der nächste Spieler an der Reihe.

Spielende: Gewinner ist derjenige, der die meisten Karten hat.

Differenzierung:

- Der nachfolgende Spieler darf nicht die Karte des Vorgängers aufdecken, da er die Farben bereits kennt.

Varianten:

- Die Farbwahl des Spielers gilt eine Runde lang.
- Der Spieler erhält statt der Karte einen Gewinnstein. So kann das Spiel länger gespielt werden.

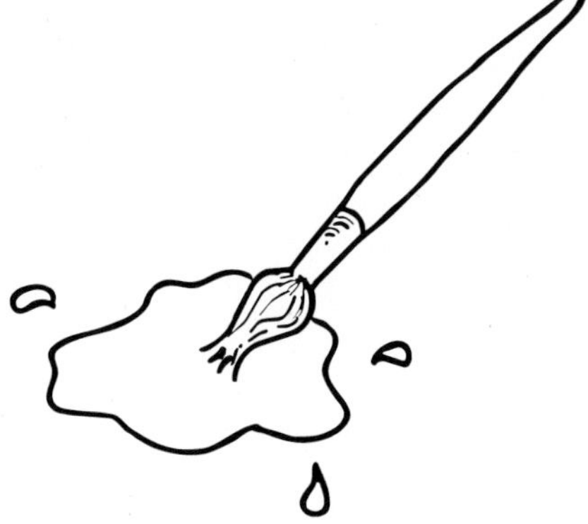

Finde die zweite Hälfte!

mittel

Spielziel: Finden von vorgegebenen Bildkarten.

Spielvorbereitung: Trennen Sie die Paare. Legen Sie die Hälfte der Bildpaare auf einen Stapel und die restlichen Karten verdeckt auf den Tisch.

Spielverlauf:

Die Karten liegen mit dem Bild nach unten auf dem Tisch. Der erste Spieler zieht eine Karte vom Stapel und deckt danach eine Karte auf. Deckt er dabei die passende Karte zum Bildpaar auf, darf er das Paar behalten. Passen die Karten nicht zusammen, verdeckt er die Karte auf dem Tisch wieder und das nächste Kind hat die Chance, die zweite Karte zu finden. Deckt es sie auf, darf dieses Kind das Paar behalten. So versuchen die Kinder reihum das Bildpaar zu finden. Wer das Paar findet darf die nächste Karte vom Stapel ziehen.

Spielende: Gewinner ist derjenige, der die meisten Bildpaare gesammelt hat.

Variante:

- Jedes Kind sucht zu seiner Stapelkarte die zweite Hälfte.

10 Merkkönig

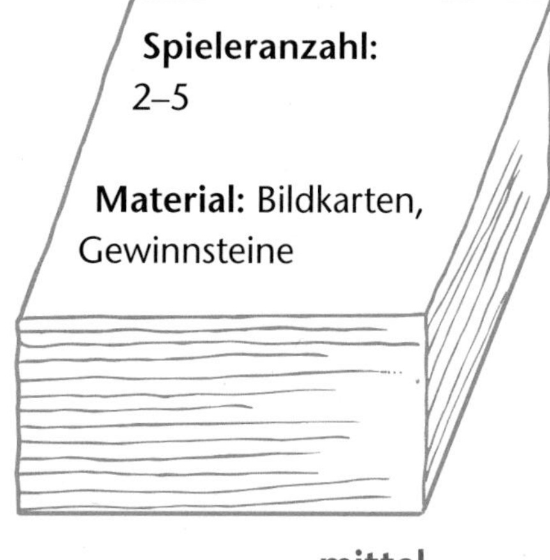

Spieleranzahl:
2–5

Material: Bildkarten, Gewinnsteine

mittel

Spielziel: Erkennen und Merken von Bildkarten.

Spielvorbereitung: –

Spielverlauf:

Alle Karten liegen aufgedeckt auf dem Tisch. Reihum sucht sich jeder Spieler mit den Augen ein Karte aus und sagt dazu einen Satz, z. B.: „Tim sieht einen **Fisch** im Meer.“ Die Mitspieler betrachten die Karten und finden dann die Karte mit dem **Fisch.**
Wer die Karte erkennt, ruft laut „Merkkönig“ und deutet darauf. Für die richtige Lösung erhält der Spieler einen Gewinnstein. Dann ist das nächste Kind im Uhrzeigersinn an der Reihe, seinen Satz zu sagen.

Spielende: Gewinner ist derjenige, der die meisten Gewinnsteine hat.

Differenzierung:

- Jeder Mitspieler sagt zu einer Karte einen Satz. Jeder Mitspieler muss für sich versuchen, die Karten zu finden und sie sich zu merken. Nach allen Sätzen zeichnet jeder Mitspieler die Karteninhalte auf seinen Block.

Klatsch–Memory

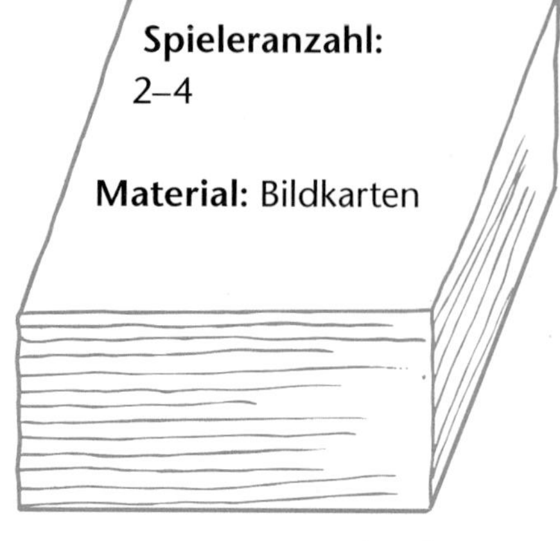

Spielziel: Sammeln der meisten Kartenpaare.

Spielvorbereitung: –

mittel

Spielverlauf:

Alle Karten liegen mit dem Bild nach unten auf der Spielfläche. Das erste Kind deckt zwei Kärtchen auf. Sind sie gleich, darf es sie nehmen und noch einmal zwei Karten aufdecken. Sind sie nicht gleich, dreht es nur eine Karte wieder um. Die zweite Karte bleibt offen liegen. Das nächste Kind deckt wieder zwei Karten auf. Auch dieses dreht bei Kartenungleichheit nur eine Karte um. So bleiben immer mehr Karten offen liegen. Wird eine Karte aufgedeckt, die bereits offen daliegt, klatscht das Kind, das dies als erstes entdeckt, mit der einen Hand auf die eine Karte und mit der anderen auf die zweite Karte. Dann darf es dieses Kartenpaar nehmen.

Spielende: Sind alle Karten verteilt, gewinnt das Kind mit den meisten Karten.

12 Finde die einzelne Karte!

Spieleranzahl:
2–5

Material: Bildkarten

Spielziel: Finden einer einzelnen Karte.

Spielvorbereitung: –

mittel

Spielverlauf:

Vor dem Spiel betrachten alle Mitspieler die Bildkarten.
Dann werden alle Karten gemischt und mit dem Bild nach unten auf den Tisch gelegt.
Der erste Spieler benennt eine Karte, z. B. „Fisch". Der Reihe nach suchen die Mitspieler das Bild „Fisch". Dabei darf jeder zwei Karten umdrehen. Die falschen Karten verdeckt er wieder.
Wer das Bild gefunden hat, darf ein neues Bild benennen.

Spielende: Gewinner ist derjenige, der die meisten Karten hat.

Differenzierung:

- Die Spieler suchen das Bildpaar.

13 Welche Karte fehlt?

Spielziel: Herausfinden, welche Karte fehlt.

Spielvorbereitung: –

schwer

Spielverlauf:

Alle Karten liegen mit dem Bild nach oben auf dem Tisch. Zuerst prägen sich die Mitspieler mehrere Minuten lang die Karten ein.
Nun schließen alle Mitspieler bis auf einen die Augen. Dieser eine Spieler entfernt eine Karte und legt sie verdeckt vor sich auf den Tisch.
Derjenige, der als erstes errät, welche Karte fehlt, erhält einen Gewinnstein. Dann geht es im Uhrzeigersinn weiter.

Spielende: Gewinner ist derjenige, der die meisten Gewinnsteine hat.

Differenzierung:

- Anzahl der Karten variieren.
- Der Spieler entfernt ein Bildpaar bzw. mehrere Bildpaare.

Varianten:

- Der Spieler nennt den Anfangsbuchstaben der fehlenden Karte bzw. des fehlenden Paares.
- Jedes Kind malt die fehlende Karte innerhalb eines bestimmten Zeitraumes auf seinen Block.

Ich packe meinen Koffer

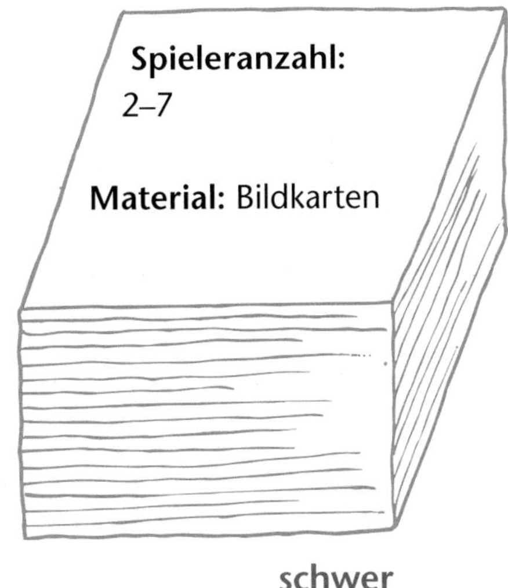

schwer

Spielziel: Merken einer bestimmten Reihenfolge.

Spielvorbereitung: –

Spielverlauf:

Alle Karten liegen mit dem Bild nach oben auf dem Tisch.
Ein Mitspieler beginnt: „Ich packe meinen Koffer und nehme (z. B. den Fisch) mit."
Dabei nimmt er die Karte mit dem genannten Gegenstand und legt sie vor sich hin. Das zweite Kind wiederholt die Aussage des ersten Spielers und fügt einen weiteren Gegenstand hinzu und legt die entsprechende Karte vor sich ab, z. B. „Ich packe meinen Koffer und nehme den Fisch und das Zelt mit." usw.
Vor der zweiten Spielrunde drehen die Kinder ihre Karte um. Die zweite Runde wird wie oben gespielt. Dabei müssen die umgedrehten Karten auch mit benannt werden.

Spielende: Sieger ist, wer sich die längste Reihenfolge der eingepackten Sachen merken kann.

Differenzierung:
- Die Kinder merken sich die Reihenfolge, ohne die Karten vor sich abzulegen.
- Die doppelten Karten werden vorher aussortiert.

Varianten:
- Es dürfen nur Gegenstände einer bestimmten Farbe in den Koffer gepackt werden.
- In der ersten Runde werden die Gegenstände in der Einzahl in den Koffer gepackt, in der zweiten Runde in der Mehrzahl.

15 Der Merker

Spieleranzahl:
2–7

Material: Bildkarten, Block, Bleistift, Sanduhr, Gewinnsteine

schwer

Spielziel: Merken einer Reihenfolge.

Spielvorbereitung: –

Spielverlauf:

Ein Kind wählt sich vor dem Spiel vier Karten aus. Diese legt es vor seinen Mitspielern der Reihe nach auf den Boden.
Die Mitspieler müssen sich nun die richtige Reihenfolge der Karten merken. Nach Ablauf der Sanduhr dreht das Kind seine Karten um.
Nun malen alle Kinder die abgebildeten Gegenstände in der richtigen Reihenfolge auf ihren Block.
Zur Kontrolle dreht nun das Kind die Karten der Reihe nach wieder um. Für jede richtig gemalte Karte gibt es einen Gewinnstein.

Spielende: Gewinner ist derjenige, der sich die richtige Reihenfolge gemerkt hat bzw. wer nach mehreren Durchgängen die meisten Gewinnsteine hat.

Differenzierung:
- Die Anzahl der Karten wird von Mal zu Mal gesteigert.
- Die Reihenfolge muss nicht eingehalten werden.

Variante:
- Immer zwei Kinder arbeiten zusammen.

16 Finde die richtige Reihenfolge!

Spieleranzahl: 2

Material: Bildkarten, Sanduhr, Gewinnsteine

schwer

Spielziel: Merken einer vorgegebenen Reihenfolge.

Spielvorbereitung: –

Spielverlauf:

Der erste Spieler wählt sich fünf verschiedene Bildkarten aus. Diese legt er seinem Mitspieler vor. Dieser prägt sich eine Minute lang die Karten und die Reihenfolge ein. Nun dreht der erste Spieler die Karten um.
Der zweite Spieler sucht sich aus dem Spiel die Karten, die er sich gemerkt hat und legt sie in der richtigen Reihenfolge nach.
Für jede richtige Karte und den richtigen Platz in der Reihe erhält er einen Gewinnstein.
Nun werden die Rollen getauscht.

Spielende: Gewinner ist derjenige, der die meisten Gewinnsteine hat.

Differenzierung:
- Es zählt nur, die richtigen Karten zu finden, die Reihenfolge ist nicht wichtig.
- Die Kinder suchen sich fünf Bildpaare aus. Ein Spieler legt fünf verschiedene Karten hin. Der Mitspieler prägt sie sich ein. Dann werden die Karten umgedreht und der Mitspieler legt sie mit seinen Karten nach.
- Die Anzahl der Kärtchen wird erhöht.

Variante:
- Vor dem Benennen der Karten machen beide Spieler fünf Kniebeugen.

Welche Karte ist es?

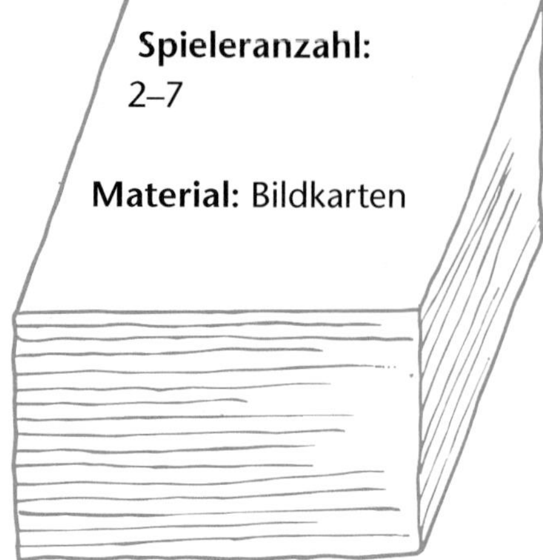

schwer

Spielziel: Finden einer Karte.

Spielvorbereitung: –

Spielverlauf:

Alle Karten liegen mit dem Bild nach oben auf dem Tisch.
Der erste Spieler sucht sich mit den Augen eine Karte aus.
Reihum darf jedes Kind eine Frage stellen, die den ausgesuchten Gegenstand beschreibt.
Der erste Spieler darf nur mit „Ja" oder „Nein" antworten. Z.B. „Ist es ein Tier?", „Ist es rot?" usw.
Wer ein „Ja" als Antwort erhält, darf eine konkrete Bildkarte benennen.
Wer zuerst errät, welche Karte gemeint ist, darf als Nächster eine Karte mit den Augen aussuchen.

Differenzierung: –

Variante: –

18 Geheimschrift

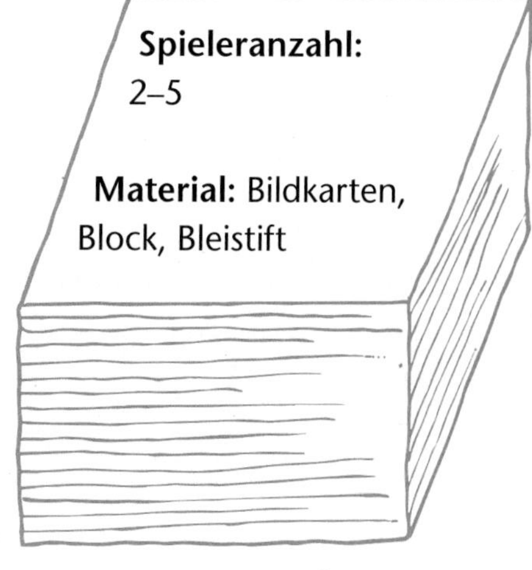

Spieleranzahl:
2–5

Material: Bildkarten, Block, Bleistift

Spielziel: Finden von Zeichen für bestimmte Gegenstände.

Spielvorbereitung: Bildkarten als Stapel legen.

schwer

Spielverlauf:

Ein Kind wählt aus dem Stapel fünf Bildkarten aus und legt sie offen vor den Mitspielern auf den Tisch. Alle Mitspieler notieren sich für jede Karte ein eigenes Zeichen als Merkhilfe auf ihren Block, z. B. für das Bild „Haus" das Zeichen „Dreieck".
Danach werden die ausgewählten Karten umgedreht. Nach einer Minute benennt jedes Kind mit Hilfe seiner Zeichen die umgedrehten Karten. Anschließend dreht das erste Kind seine ausgewählten Bildkarten um und die anderen vergleichen. Für jede richtig benannte Karte gibt es einen Punkt.
Dann wählt das nächste Kind die Karten aus.
Tipp: Statt eine Minute zu warten, können die Kinder auch die Strophe eines Liedes singen oder einen Abzählvers sprechen.

Spielende: Gewinner ist derjenige, der die meisten Punkte hat.

Differenzierung:

- Kartenanzahl verändern.

Variante:

- Die Mitspieler ziehen nacheinander je eine Karte vom Stapel und legen sie offen in die Mitte. Nur ein Kind zeichnet die Zeichen auf seinen Block.

Sprachspiele – Einführung

Die Sprachspiele mit den Bildkarten sollen spielerisch den Wortschatz der Kinder erweitern, ihre Ausdrucksfähigkeit fördern, ihren Sprachfluss steigern und die grundlegende Voraussetzung für den Schriftspracherwerb bilden.
Damit schaffen Sie eine weitere zentrale Grundlage für einen erfolgreichen Schulstart der Kinder. Die Kinder lernen mit Hilfe der Spiele in Zusammenhängen und vernetzt zu denken. Besonders die Übungen mit Reim- und Anlautaufgaben bereiten die Kinder optimal auf die Anforderungen der ersten Klasse vor. Verschiedene Forschungsarbeiten konnten zeigen, dass Übungen zu Reimen, Anlauten und Silben im Vorschulalter zu besseren Lese- und Rechtschreibleistungen in der Schule führen.

Stille Post

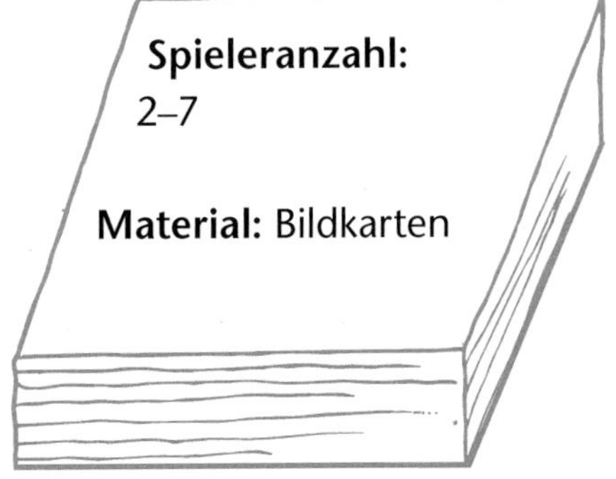

leicht

Spielziel: Genaues Sprechen und Hören.

Spielvorbereitung: Doppelte Karten aussortieren

Spielverlauf:

Alle Karten liegen mit dem Bild nach oben auf dem Tisch.
Das erste Kind flüstert seinem Nachbarn den Begriff einer Karte ins Ohr, z. B. „Fisch". Dieser flüstert das Wort seinem Nachbarn ins Ohr usw. Der letzte Mitspieler in der Runde muss nun die entsprechende Karte nehmen. Hat er richtig gehört und nimmt die richtige Karte, darf er sie behalten und nun die nächste Runde „Stille Post" beginnen.

Spielende: Alle Karten sind verteilt.

Differenzierung:

- Die Spieler dürfen nicht länger als eine Sekunde warten, bis sie weiterflüstern.
- Die Kinder denken sich zum Begriff einen ganzen Satz aus, der letzte Spieler muss die Bildkarte aus dem Satz isolieren, z. B. „Der **Fisch** schwimmt im Wasser."

20 Reimwort-Memory

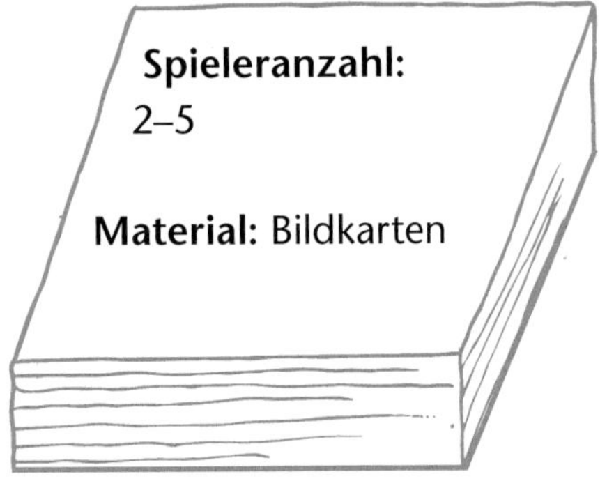

Spieleranzahl:
2–5

Material: Bildkarten

leicht

Spielziel: Finden von Karten, die sich reimen.

Spielvorbereitung: –

Spielverlauf:

Alle Karten liegen mit dem Bild nach oben auf dem Tisch.
Der erste Spieler sucht zwei Karten, die sich reimen, z. B. „Fisch" – „Tisch". Reimen sich die ausgewählten Karten, darf er sie behalten. Stimmen die Reime nicht überein, legt er die Karten wieder zurück. Nun ist das nächste Kind an der Reihe.
Sind alle Reimkarten verbraucht, dürfen sich die Spieler eigene Reimwörter zu den verbliebenen Karten überlegen.

Spielende: Sieger ist das Kind mit den meisten Karten.

Differenzierung:

- Die Kinder dürfen auch Unsinnsreimwörter erfinden, z. B. „Fisch" – „Lisch".

Varianten:

- Das Kind nennt ein Reimwort zu einer ausgewählten Karte und nimmt nur diese Karte.
- Die Kinder suchen gleichzeitig immer zwei Bildkarten heraus, die sich reimen. Dabei müssen die Kinder schnell sein, denn das Kind mit den meisten Karten gewinnt.

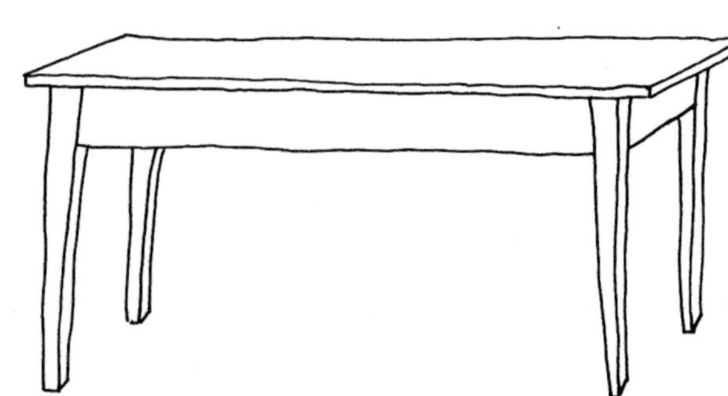

21 Anlaut-Memory

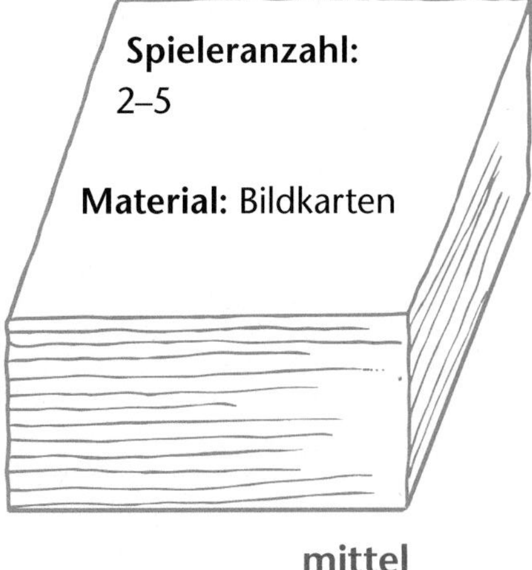

Spieleranzahl:
2–5

Material: Bildkarten

mittel

Spielziel: Finden von Karten mit gleichem Anlaut.

Spielvorbereitung: –

Spielverlauf:

Alle Karten liegen verdeckt auf dem Tisch.
Der erste Spieler deckt zwei Karten auf. Besitzen beide den gleichen Anlaut, darf er sie behalten und darf noch einmal zwei Karten aufdecken. Stimmen die Anlaute nicht überein, ist das nächste Kind an der Reihe.

Spielende: Wenn es keine Karten mit gleichen Anlauten mehr gibt.

Differenzierung:

- Alle Karten liegen mit dem Bild nach oben auf dem Tisch. Reihum darf jeder Spieler ein Anlautpaar nehmen, allerdings nicht zwei identische Karten.

Variante:

- Das Kind nennt ein Wort mit dem gleichen Anlaut zu der gezogenen oder ausgewählten Karte.

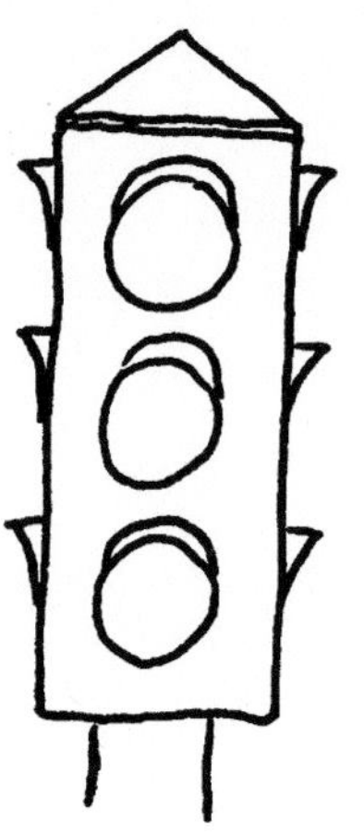

22 Silbenkönig

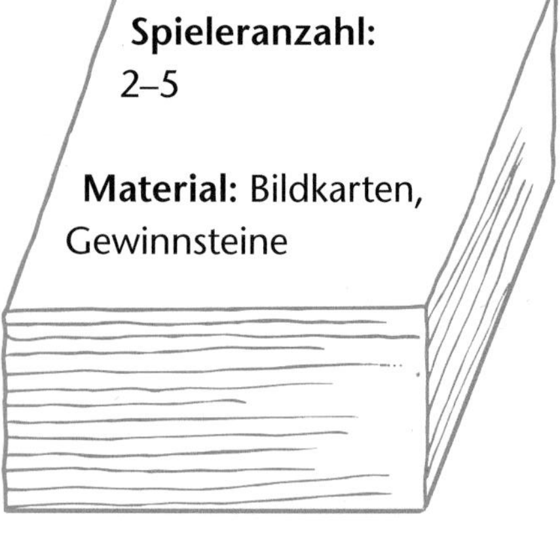

Spieleranzahl:
2–5

Material: Bildkarten, Gewinnsteine

mittel

Spielziel: Finden von Karten mit gleicher Anzahl von Silben.

Spielvorbereitung: –

Spielverlauf:

Alle Karten liegen aufgedeckt auf dem Tisch.
Das erste Kind benennt eine erste Karte, z. B. „Tasche". Danach klatscht es das Wort in Silben getrennt, d. h. es klatscht zweimal („Ta – sche"). Für ein richtig geklatschtes Wort erhält der Spieler einen Gewinnstein. Reihum klatscht jedes Kind ein Wort.

Spielende: –

Differenzierung:

- Ein schwächeres Kind hat die Möglichkeit ein bereits geklatschtes Wort zu wiederholen.
- Die Karten liegen verdeckt. Jeder Spieler dreht eine Karte um, klatscht und spricht dazu den abgebildeten Begriff. Hat er richtig getrennt, darf er die Karte behalten.
- Der Spielleiter gibt eine Silbenanzahl vor oder verwendet Zahlenkärtchen oder Muggelsteine für die Anzahl der Silben. Die Kinder suchen nun bei den aufgedeckten Bildkarten nach entsprechenden Beispielen.

Variante:

- Der Spielleiter deutet auf einen Begriff, alle Kinder klatschen und sprechen gemeinsam.

23 Erzähl uns etwas!

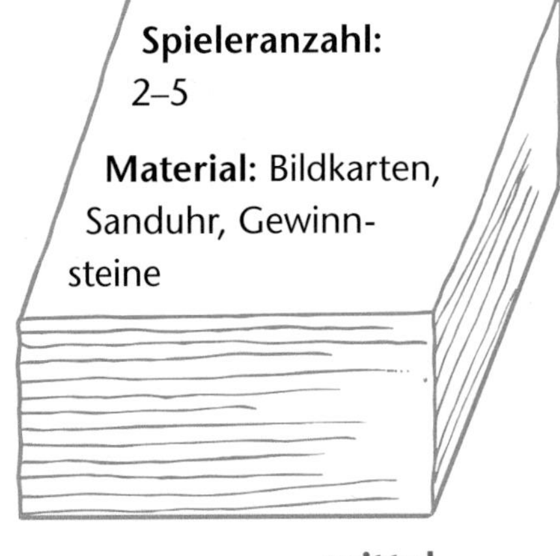

Spieleranzahl: 2–5

Material: Bildkarten, Sanduhr, Gewinnsteine

Spielziel: Geschichten mit Reizwörtern erzählen.

Spielvorbereitung: Stoppuhr bereitlegen, zwei Blankokarten zu den Bildkarten geben.

mittel

Spielverlauf:

Alle Karten liegen mit dem Bild nach unten auf dem Tisch. Jedes Kind zieht vier Bildkarten und denkt sich eine Geschichte aus, in der alle vier Begriffe vorkommen. Nach drei Minuten geht es los. Ein Spieler beginnt mit seiner Geschichte. Sein rechter Nachbar legt als Kontrolle für jeden verwendeten Begriff die zugehörige Karte des Erzählers neben sich. Für jede verwendete Bildkarte erhält der Erzähler einen Gewinnstein. Dann geht es mit dem Erzählen im Uhrzeigersinn weiter. Es sind auch zwei leere Karten als Joker dabei. Für so eine Karte gibt es automatisch einen Gewinnstein.

Spielende: Nachdem alle Spieler ihre Geschichte erzählt haben, gewinnt das Kind mit den meisten Gewinnsteinen.

Differenzierung:

- Der Zeitrahmen variiert.

Varianten:

- Die Kinder malen ihre Geschichte.
- Das erste Kind zieht eine Karte und erzählt dazu einen Satz. Das nächste Kind zieht wieder eine Karte und spinnt die Geschichte weiter usw.

24 Lebendiges Reimwort-Memory

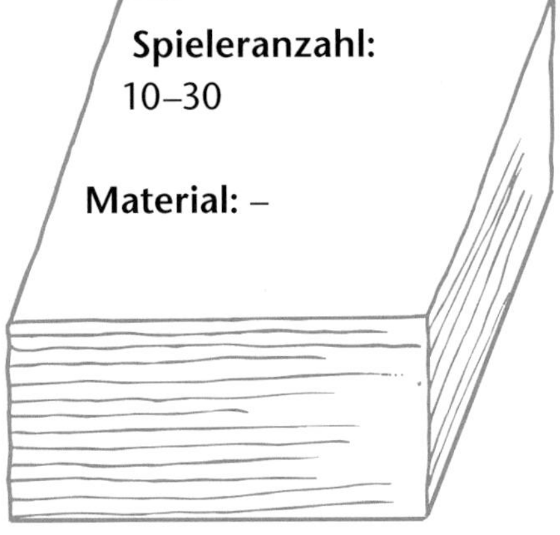

Spieleranzahl: 10–30

Material: –

Spielziel: Finden von „lebenden" Reimpaaren.

Spielvorbereitung: –

mittel

Spielverlauf:

Zwei Teams treten gegeneinander an. Jedes Team besteht aus ein oder zwei Kindern. Die restlichen Kinder stellen die „lebenden Memory-Karten" dar. Immer zwei Kinder denken sich ein Reimpaar aus, z. B. „Haus" – „Maus", „Vier" – „Stier", „Bank" – „Schrank" usw. Die beiden Teams verlassen das Zimmer, bis sich alle Kinder auf ein Reimpaar festgelegt haben. Anschließend trennen sich die Paare und stellen sich im Raum verteilt auf.
Das erste Team tippt zwei Kinder an, die dann ihre Wörter sagen. Reimen sich die Wörter, setzt sich das Paar zu diesem Team. Reimen sich die Wörter nicht, bleiben die „Karten" wieder stumm stehen. So wechseln sich die beiden Teams ab.

Spielende: Gewinner ist das Team, das am Schluss die meisten „lebenden Karten" gesammelt hat. Bei Gleichstand gewinnen beide Teams.

Varianten:

- Die Paare denken sich Wörter mit dem gleichen Anlaut aus statt Reimwörter, z. B. „Angel" – „Affe", „Bank" – „Bus", „Papagei" – „Palme" usw.
- Haben die Kinder noch wenig Übung im Erkennen von Anlauten, kann der Spielleiter den Mitspielern Wörter mit gleichem Anlaut zuweisen. Je nach Schwierigkeitsgrad gibt es zunächst nur zwei verschiedene Anlaute, dann drei oder vier. Z. B. erhalten vier Mitspieler Wörter mit dem Anlaut „A", vier weitere Mitspieler Wörter mit dem Anlaut „O", „Apfel" – „Ast", „Oma" – „Orange" usw. So können die Kinder gut an das Herhaushören von Anlauten herangeführt werden.

25 Ordne nach dem ABC!

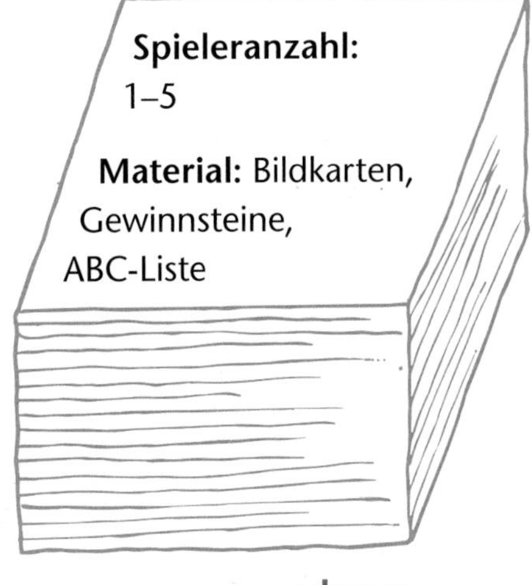

schwer

Spielziel: Alphabetisches Ordnen der Bildkarten.

Spielvorbereitung: ABC-Liste kopieren (s. S. 34), Aussortieren der doppelten Bildkarten.

Spielverlauf:

Der Spielleiter legt die ABC-Liste in die Mitte. Jedes Kind zieht drei Bildkarten. Ziel ist es, seine Karten in der Reihenfolge des Alphabets abzulegen. Derjenige, der denkt, seine Karte ist nun an der Reihe, klopft kurz auf den Tisch und legt dann die Karte ab. Die restlichen Mitspieler prüfen an der ABC-Liste, ob die Karte richtig abgelegt wurde. Falls ja, erhält der Mitspieler einen Gewinnstein. Falls nein wird weiter gespielt. So entsteht eine ABC-Reihe.

Spielende: Alle Karten der Mitspieler liegen nach dem Alphabet geordnet auf dem Tisch. Sieger ist das Kind mit den meisten Gewinnsteinen.

Differenzierung:

- Die Anzahl der Karten verändern.
- Es liegt keine ABC-Liste zur Orientierung auf dem Tisch. Die Kinder müssen das ABC auswendig kennen.

Varianten:

- Jedes Kind legt seine eigenen Karten in der Reihenfolge des Alphabets ab.
- Alle Karten liegen aufgedeckt auf dem Tisch. Der Spielleiter legt eine Karte in die Mitte. Die Kinder suchen Karten mit den Anlauten, die im Alphabet vor und nach dem Anlautbuchstaben stehen. Wenn z. B. das Bild „Hund" in der Mitte liegt, legen die Kinder das Bild „Glas" vor dem Hund und das Bild „Igel" nach dem Hundebild ab.

A a

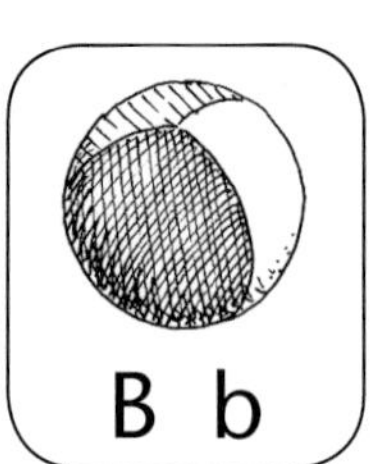

B b

C c

D d

E e

F f

G g

H h

I i

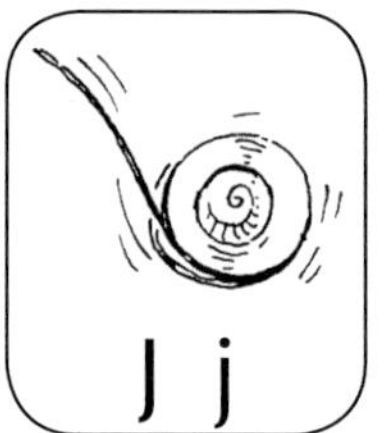

J j

K k

L l

M m

N n

O o

P p

Q q

R r

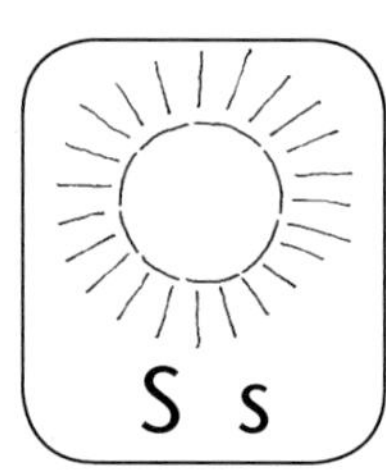

S s

T t

U u

V v

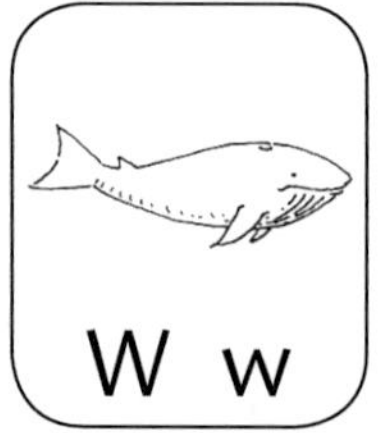

W w

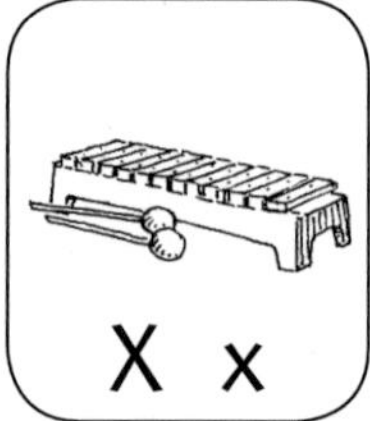

X x

Y y

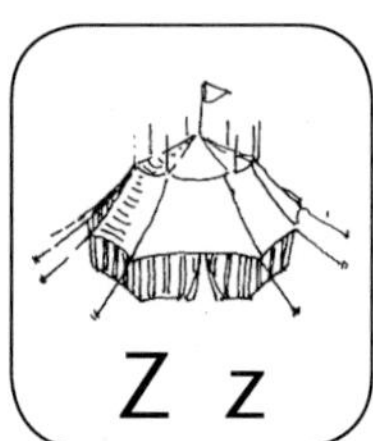

Z z

26 ABC-Wettkampf

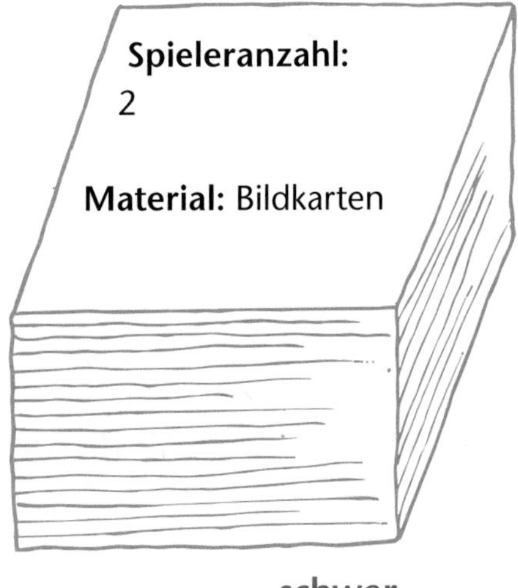

Spieleranzahl: 2

Material: Bildkarten

schwer

Spielziel: Sortieren der Karten nach dem ABC.

Spielvorbereitung: Kartenpaare so auf zwei Stöße verteilen, dass jeder Stoß die gleichen Bilder enthält, die Memory-Paare werden also getrennt.

Spielverlauf:

Jedes Kind legt seine Bildkarten aufgedeckt vor sich hin. Nach einem Startsignal sortieren die beiden Kinder ihre Karten um die Wette nach dem Alphabet.

Spielende: Wer als Erster seine Karten nach dem Alphabet geordnet hat, ist Sieger.

Differenzierung:

- Als Hilfe wird eine ABC-Liste verwendet.
- Die Kinder können sich Helfer holen, die sie beraten.

Begriffe umschreiben

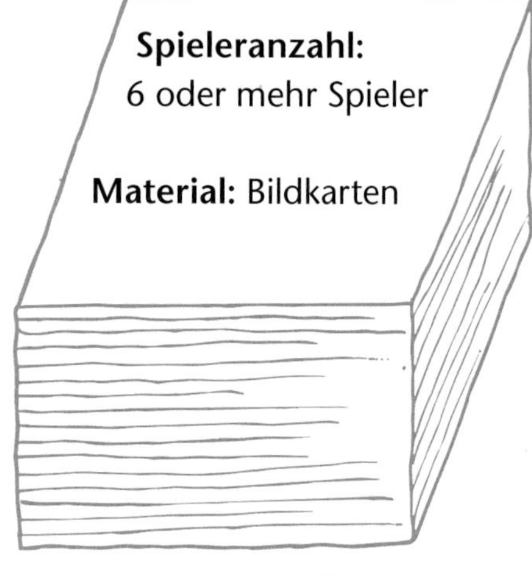

Spielziel: Begriffe umschreiben.

Spielvorbereitung: Gruppe in zwei Teams einteilen, ca. 10 verschiedene Karten auswählen.

schwer

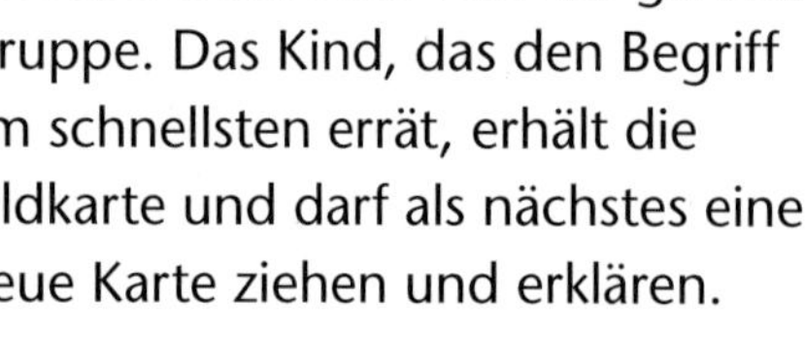

Zwei Teams treten gegeneinander an. Ein Spieler aus jedem Team stellt sich vor seine Mitspieler. Der Spielleiter zeigt den beiden eine Karte und diese müssen ihrem Team gleichzeitig den Begriff erklären, wobei sie ihn nur umschreiben und nicht nennen dürfen. Das Team, das den Begriff als erstes errät, erhält die Bildkarte. Nun erklären die nächsten beiden Kinder aus dem Team einen Begriff.

Spielende: Alle 10 Bildkarten sind erklärt. Sieger ist das Team mit den meisten Bildkarten.

Differenzierung:

- Teilen Sie die Gruppe in mehrere Teams ein und spielen Sie wie oben beschrieben.
- Ein Kind erklärt das Bild der ganzen Gruppe. Das Kind, das den Begriff am schnellsten errät, erhält die Bildkarte und darf als nächstes eine neue Karte ziehen und erklären.

Variante:

- Die Kinder stellen die Karten pantomimisch dar.

Spiele für Deutsch als Zweitsprache – Einführung

Kinder nichtdeutscher Muttersprache verfügen meist über einen geringeren Wortschatz als ihre deutschen Altersgenossen. Dies führt häufig zu Schulschwierigkeiten. Um diese zu vermeiden bzw. abzumildern, muss der Wortschatz der Kinder stetig erweitert werden. Dazu eignen sich die Memory-Karten bestens, da die Bilder die Kinder ansprechen und sie diese auch ohne deutsche Sprachkenntnisse erkennen. Durch das Zeigen der Bilder kann der Spielleiter die Namen und den richtigen Begleiter/Artikel mit den Kindern ebenso üben, wie das grammatikalisch korrekte Sprechen ganzer Sätze. Wichtig ist hier eine ständige Wiederholung des Sprechens der Wörter, sei es im Chor, einzeln oder in der Gruppe, laut oder leise. Dabei muss der Spielleiter immer auf eine korrekte Aussprache bei sich und den Kindern achten.
Kinder nichtdeutscher Muttersprache haben häufig große Schwierigkeiten, den richtigen Begleiter/Artikel zum Namenwort/Substantiv zu finden. Da dieser auch selten lernbaren Regeln unterliegt, muss der Begleiter/Artikel immer wieder wiederholt und geübt werden, um ihn zu verinnerlichen und zu automatisieren. Zur Festigung des richtigen Begleiters/Artikels bei der Einführung neuer Namenwörter/Substantive hat es sich bewährt, die Kinder immer beim Sprechen ein Begleiterzeichen mitmachen zu lassen (s. Spiel ‚Kli–Kla–Kluck' S. 38). Durch die Verknüpfung mit Bewegungen prägen sich die Begleiter/Artikel besser ein. So machen die Kinder z. B. beim Sprechen von „der Hund" das vereinbarte Zeichen „Hasenohren" für den Begleiter/Artikel „der".

28 Kli–Kla–Kluck

Spieleranzahl:
2 oder zwei Teams

Material: Bildkarten

leicht

Spielziel: Kennen des richtigen Begleiters/Artikels zu den abgebildeten Namenwörtern/Substantiven.

Spielvorbereitung: –

Spielverlauf:

Der Spielleiter erklärt den Kindern die Handbewegungen zu den Begleitern/Artikeln:
„der" = Hase → Zeige- und Mittelfinger zu Hasenohren hoch strecken
„die" = Schale → Handinnenfläche zur Schale wölben
„das" = Messer → Hand mit ausgestrecktem Zeige- und Mittelfinger waagrecht halten
Der Spielleiter zeigt nun den beiden Spielern eine Bildkarte. Die Kinder machen das Begleiter-/Artikelhandzeichen. Das Kind, das als erstes das richtige Zeichen macht, erhält die Karte.

Spielende: Das Kind mit den meisten Karten gewinnt.

Differenzierung:

- Die Kinder machen das Handzeichen und rufen dazu den Namen der Bildkarte.

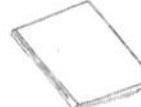

Varianten:

- Die Kinder werden in zwei Teams aufgeteilt. Es treten immer je ein Spieler aus jedem Team gegeneinander an. Die Karte erhält das Kind, das als erstes das richtige Begleiter-/Artikelhandzeichen zum Bild macht. Sieger ist das Team mit den meisten Karten.
- Die Kinder bilden zwei Teams. Der Spielleiter hält eine Karte hoch. Die Kinder machen das Handzeichen. Die Karte erhält das Team, das als erstes das richtige Zeichen gemacht hat.

der

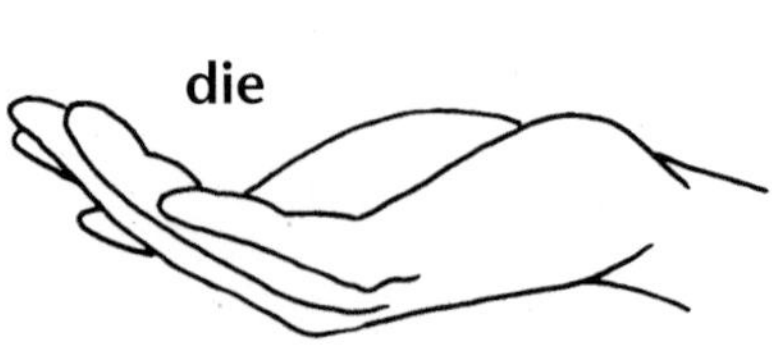

das

29 Wörterkim

Spieleranzahl: ganze Gruppe

Material: Bildkarten, Säckchen für die Varianten

leicht

Spielziel: Kennen der Namen und Begleiter/Artikel zu den Bildern.

Spielvorbereitung: Bildkarten der Wörter zu einem Thema (z. B. Tiere) bereitlegen.

Spielverlauf:

Zunächst zeigt der Spielleiter den Kindern im Sitzkreis die einzelnen Bildkarten und spricht den jeweiligen Namen mit Begleiter/Artikel langsam vor. Die Kinder sprechen im Chor nach und machen das passende Begleiterhandzeichen (s. Kli–Kla–Kluck S. 38). Die Bildkarten werden aufgedeckt auf den Boden in den Sitzkreis gelegt. Die Kinder prägen sich die Karten ein und halten sich dann die Augen zu. Der Spielleiter entfernt eine Karte. Beim Öffnen der Augen raten die Kinder, welche Karte fehlt. Das Kind, das als erstes die fehlende Karte korrekt mit Name und Begleiter/Artikel benennt, darf bei der nächsten Runde eine Karte wegnehmen und die anderen raten lassen. Die Karten werden immer wieder alle in die Mitte gelegt.

Spielende: Beherrschen die Kinder die neuen Wörter, endet das Spiel.

Differenzierung:

- Der Spielleiter benennt das Kind, das als nächstes die fehlende Karte erraten soll. So kommen auch langsamere Kinder an die Reihe.
- Es werden zwei oder mehr Karten aus der Kreismitte entfernt.

Varianten:

- Die Bildkarten befinden sich in einem Säckchen. Ein Kind zieht eine Bildkarte und stellt den abgebildeten Gegenstand pantomimisch dar. Das Kind, das richtig rät, darf als nächstes vorspielen.
- Die Bildkarten befinden sich in einem Säckchen. Ein Kind zieht eine Bildkarte und macht ein passendes Geräusch zu dem Bild, z. B. „Wau" für den Hund. Das Kind, das richtig rät, kommt als nächstes an die Reihe.
- Die Bildkarten befinden sich in einem Säckchen. Ein Kind zieht eine Bildkarte und stellt den anderen dazu ein Rätsel, z. B. „Mein Bild schläft in einem Körbchen und bellt." Das Kind, das richtig rät, darf als nächstes ein Rätsel stellen.

30 Wie heißt der Name und der richtige Begleiter/Artikel?

Spieleranzahl: 2–30

Material: Bildkarten

leicht

Spielziel: Kennen des richtigen Namens und Begleiters/Artikels zu den abgebildeten Namenwörtern/Substantiven.

Spielvorbereitung: –

Spielverlauf:

Der Spielleiter hält eine Karte für alle gut sichtbar hoch. Die Kinder rufen den Bildnamen und den passenden Begleiter/Artikel laut, z. B. „der Koffer". Das Kind, das als erstes den richtigen Namen und Begleiter/Artikel gerufen hat, erhält die Karte. So werden alle Karten hochgehalten und mit den richtigen Namen und Begleitern/Artikeln benannt.

Spielende: Gewonnen hat das Kind mit den meisten Karten.

Differenzierung:
- Die Kinder rufen nur den Begleiter/Artikel.

Varianten:
- Die Kinder werden in zwei Teams aufgeteilt. Es treten immer je ein Kind aus jedem Team gegeneinander an. Die Karte erhält das Kind, das Name und Begleiter/Artikel als erstes richtig benennt. Sieger ist das Team mit den meisten Karten.
- In jeder Zimmerecke steht ein Kind. Der Spielleiter nennt den Namen der Bildkarte. Die Kinder rufen laut den passenden Begleiter/Artikel. Das Kind, das als erstes den Begleiter/Artikel richtig nennt, darf eine Ecke weiter gehen. Wer als Erstes alle vier Ecken durchlaufen hat, ist Sieger des Eckenratens. Nun sind die nächsten vier Kinder an der Reihe.

Begleiter-Bingo

leicht

Spielziel: Als Erster eine Quer- oder Längsreihe auf der Bingotafel mit Bildkarten belegen.

Spielvorbereitung: Bingotafel kopieren, Kartenpaare trennen und auf jeweils einen Stapel legen.

Spielverlauf:

Die zwei Spieler legen je eine Bingotafel und je einen umgedrehten Kartenstapel vor sich.
Gleichzeitig decken die Spieler die oberste Karte ihres Stapels auf und legen sie auf die Bingotafel. Dabei legen sie das Bild seinem Begleiter/Artikel entsprechend auf ein „der"-, „die"- oder „das"-Feld. Dies machen sie so lange, bis ein Spieler eine Quer- oder Längsreihe voll hat. Der Spielleiter kontrolliert die Richtigkeit der Zuordnung.

Spielende: Wer als Erster eine Reihe quer oder längs belegt hat, gewinnt.

Varianten:

- Die Kinder spielen in zwei Teams gegeneinander. Sie beraten sich beim Auflegen der Karten.
- Die Karten werden gleichmäßig an bis zu vier Spieler verteilt. Jeder Spieler hat eine Bingotafel vor sich liegen. Gespielt wird wie oben beschrieben.
- Zwei Teams spielen mit einer Bingotafel gegeneinander. Der Spielleiter zeigt den Teams abwechselnd eine Karte, die diese benennen und dem richtigen Begleiter-/Artikelfeld zuordnen. Sieger ist das Team, das mit seiner Karte eine Quer- oder Längsreihe vollendet.

 das	 die	 der

32 Welche Farbe hat dies?

Spieleranzahl: 2 bis ganze Gruppe

Material: Bildkarten

Spielziel: Bilder nach Farben ordnen.

Spielvorbereitung: –

leicht

Spielverlauf:

Der Spielleiter hält eine Bildkarte hoch. Die Kinder rufen die Farbe des abgebildeten Gegenstandes. Das schnellste Kind erhält die Karte und legt sie nach Farben sortiert vor sich. So zeigt der Spielleiter alle Karten.

Spielende: Sieger ist das Kind, das als erstes drei Bildkarten einer Farbe vor sich liegen hat.

Differenzierung:

- Der Spielleiter benennt vor dem Spiel mit den Kindern alle Bilder mit Namen und der passenden Farbe.
- Der Spielleiter legt Farbkarten vor sich. Er hält dann eine Bildkarte hoch, die die Kinder den Farbkarten zuordnen. Dabei benennen sie das Bild und die Farbe in einem ganzen Satz, z. B. „Der Tisch ist braun."

Varianten:

- Die Kinder werden in zwei Teams aufgeteilt. Es treten immer je ein Mitspieler aus jedem Team gegeneinander an. Die Karte erhält das Kind, das die richtige Farbe zum Bild als erstes nennt. Sieger ist das Team mit den meisten Karten.
- Alle Kinder stehen hinter ihrem Stuhl. Der Spielleiter zeigt eine Bildkarte. Die Kinder rufen laut die passende Farbe. Das schnellste Kind darf sich setzen. Das Spiel geht so lange, bis alle Kinder sitzen.

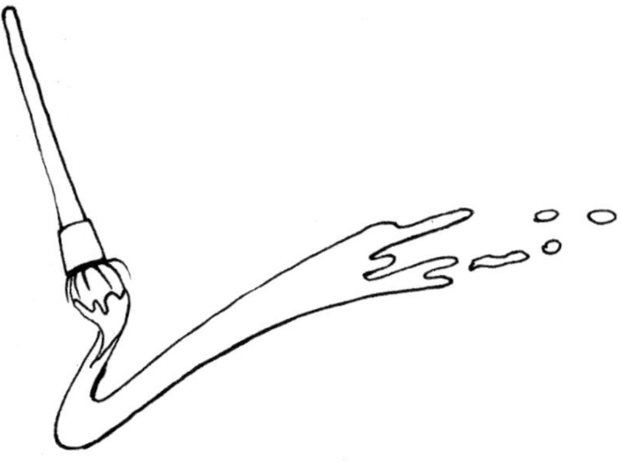

33 Sortiere nach den Begleitern/Artikeln!

Spieleranzahl: 2 oder zwei Gruppen
Material: Bildkarten, je zwei Wortkarten mit den Begleitern/Artikeln „der", „die" und „das"

mittel

Spielziel: Einteilen der Karten nach den Begleitern/Artikeln „der", „die" und „das".

Spielvorbereitung: Kartenpaare trennen und auf jeweils einen Stapel legen.

Spielverlauf:

Die Kinder legen vor sich die drei Wortkarten zu „der", „die" und „das" ab. Daneben befindet sich ihr Kartenstapel. Sie ordnen nun die Bildkarten den Begleitern/Artikeln zu, indem sie die Karte unter die passende Wortkarte legen, z. B. Bild „Fisch" zur Wortkarte „der". Sind alle Karten zugeordnet, vergleichen die beiden Kinder ihr Ergebnis. Dazu nennt ein Kind eine Karte mit Namen und Begleiter/Artikel, das andere Kind vergleicht. Stimmt bei beiden das Ergebnis überein, legen sie die Karte auf einen „Richtig-Stoß". Stimmt es nicht überein, holen sie sich Hilfe beim Spielleiter. Jetzt darf nur das Kind mit der richtigen Lösung seine Karte auf den „Richtig-Stoß" legen.

Spielende: Sieger ist, wer die meisten Karten auf den „Richtig-Stoß" gelegt hat.

Differenzierung:
- Die Kinder spielen in zwei Gruppen und besprechen sich beim Einteilen der Karten.

Varianten:
- Statt Wortkarten mit den Begleitern/Artikeln legen die Kinder die Bildkarten mit einem Hasen, einer Schale und einem Messer vor sich ab (s. Kli–Kla–Kluck S. 38).
- Der Spielleiter hat die Wortkarten vor sich liegen. Er hält die Bildkarten nacheinander hoch und die Kinder rufen den richtigen Begleiter/Artikel. So werden die Karten gemeinsam zugeordnet.

Finde das Gegenteil!

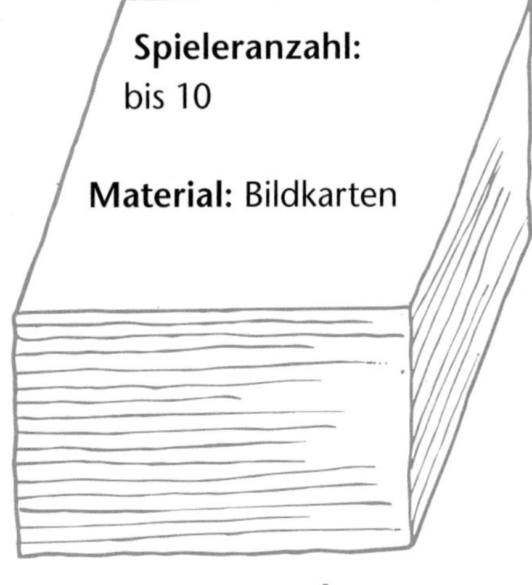

schwer

Spielziel: Gegenteile finden.

Spielvorbereitung: –

Spielverlauf:

Die Karten liegen aufgedeckt auf dem Tisch.
Der Spielleiter tippt auf eine Bildkarte und fragt: „Wie ist …?“ Die Kinder benennen das Bild und das passende Eigenschaftswort dazu in einem ganzen Satz, z. B. „Der Stein ist hart.“ Anschließend suchen sie ein Bild mit einem Eigenschaftswort, das das Gegenteil bezeichnet, z. B. „Das Kissen ist weich.“ Das Kind, das als erstes ein passendes Bild zeigt und benennt erhält das Kartenpaar.

Spielende: Alle Bildkarten, die ein sinnvolles Paar ergeben, sind bereits benannt und an die Kinder verteilt. Sieger ist das Kind mit den meisten Kartenpaaren.

Differenzierung:

- Erarbeiten Sie gemeinsam mit den Kindern vor dem Spiel die Eigenschaftswörter zu den Bildern.

Varianten:

- Zwei Kinder spielen zusammen. Ein Spieler sucht sich ein Kartenpaar aus, das ein Eigenschafts-Gegenteilpaar darstellt. Der Mitspieler nennt die Eigenschaftswörter und erhält beim richtigen Nennen die Karten. Dann ist er an der Reihe und zeigt seinem Partner ein Kartenpaar.

35 Finde Sätze!

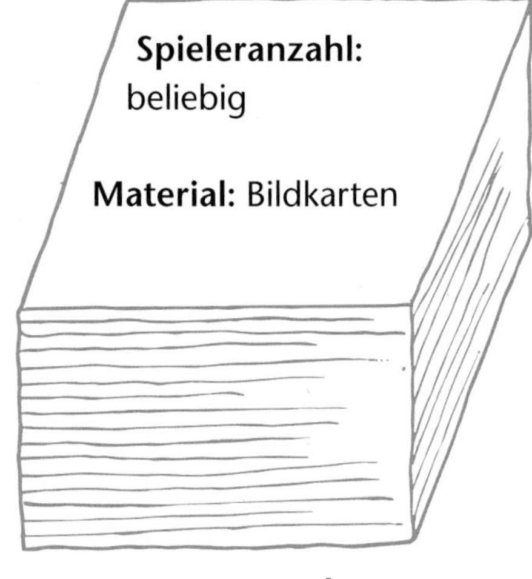

Spieleranzahl: beliebig

Material: Bildkarten

schwer

Spielziel: Formulieren von Sätzen.

Spielvorbereitung: –

Spielverlauf:

Jedes Kind erhält vom Spielleiter zwei Bilder. Nacheinander formulieren die Kinder einen Satz, in dem die zwei abgebildeten Begriffe vorkommen, z. B. Bilder „Apfel" und „Teller" werden zu „Die Äpfel liegen auf dem Teller." Erfinden sie einen sprachlich korrekten Satz, dürfen die Kinder die Karten behalten.

Spielende: Das Kind mit den meisten Karten gewinnt.

Differenzierung:

- Die Kinder erhalten bei Bedarf mehr oder weniger Bilder für ihre Sätze.

Varianten:

- Die Kinder zeigen sich gegenseitig zwei oder mehrere Bilder und sie sprechen sich ihre erfundenen Sätze vor.
- Die Kinder erfinden mit den Bildern Quatschsätze. Wer findet die lustigsten Sätze?

Informationsmaterial und -adressen

Bücher

Dürre, Miriam u. Rainer: ADS, Legasthenie und Co. Mit Kindern spielerisch die Wahrnehmung verbessern. Freiburg im Breisgau 2004. ISBN: 3-451-05401-9.

Forster, Maria u. Sabine Martschinke: Diagnose und Förderung im Schriftspracherwerb. Donauwörth 2006. Band 1 und 2. ISBN: 978-3-403-03483-4 u. 978-3-403-03484-1.

Internetadressen

www.allesoeko.net → Konzentrationsspiele der Verbraucherzentrale
www.blinde-kuh.de → Spielideen
www.bmu-kids.de → Spiele → Memory
www.kidsweb.de/spiele/
www.kinder.de/Wer_spielen_kann_lernt_besser
www.milkmoon.de → Suchmaschine
www.planet-wissen.de → Lernen → Gedächtnis